Analisi Fondamentale: La Guida Completa alle Tecniche di Trading per Borsa e Forex. Scopri come Investire sui Mercati Finanziari e i Fondamentali Macroeconomici.

Thomas J. Taylor

Published by Thomas J. Taylor, 2023.

ANALISI FONDAMENTALE: LA GUIDA COMPLETA ALLE TECNICHE DI TRADING PER BORSA E FOREX. SCOPRI COME INVESTIRE SUI MERCATI FINANZIARI E I FONDAMENTALI MACROECONOMICI.

First edition. August 9, 2023.

ISBN: 979-8223426547

Written by Thomas J. Taylor.

Also by Thomas J. Taylor

Ethereum kompakt: Ethereum für Anfänger: Die Grundlagen zur Geschichte, Gegenwart und Zukunft, zu Ethereum und Ethereum Classic, Ether, Ethereum Tokens, DApps, Smart Contracts und Ethereum Wallets

Ethereum Concise: Ethereum for Beginners: The Basics on History, Present and Future, on Ethereum and Ethereum Classic, Ether, Ethereum Tokens, DApps, Smart Contracts, and Ethereum Wallets

The Sandbox Coin: The SAND ERC-20 Utility Token on the Ethereum Blockchain

Immobili: La guida agli investimenti immobiliari. Scopri Come Guadagnare con la Compravendita e gli Affitti. Sviluppa la tua Economia con il Marketing nel Real Estate e Crea la tua Rendita Passiva

Mercati Finanziari: Scopri Tutti i Segreti del Mercato. La guida Completa per Capire la Finanza, Sviluppare la tua Economia e Puntare ai Giusti Investimenti.

Analisi Fondamentale: La Guida Completa alle Tecniche di Trading per Borsa e Forex. Scopri come Investire sui Mercati Finanziari e i Fondamentali Macroeconomici.

Sommario

Capitolo 1
Analisi fondamentale: cos'è?

Nel linguaggio prettamente tecnico del settore economico, e più specificamente del trading, con il termine **analisi fondamentale** si intende il metodo di valutazione principale utilizzato per stabilire il valore del prezzo delle azioni di una società che è stata quotata in borsa. Questo metodo si basa su più fattori. Innanzitutto, sulla lettura dei dati del bilancio di un'impresa. Questi dati (come ad esempio ricavi, utili, perdite, etc) vengono integrati con quelli di borsa della quota stessa presa in esame (per fare un esempio lampante, l'oscillazione del prezzo di compravendita del titolo). L'analisi fondamentale viene così chiamata proprio perché analizza i dati considerati fondamentali, basilari, per l'attività aziendale. L'analisi fondamentale differisce dal semplice trading. Quest'ultimo, infatti, si occupa di agire basandosi essenzialmente sull'analisi dei dati della borsa delle azioni quotate (per questo motivo è altresì detta analisi quantitativa). L'analisi fondamentale, invece, come si è accennato, tiene conto di tante informazioni differenti; in particolar modo, essa si concentra sulle modalità di produzione del reddito aziendale. Inoltre, l'analisi fondamentale presta non poca attenzione anche alle prospettive dei settori in cui le imprese oggetto di interesse sono inserite. Attenzione: il valore di un'azione aziendale quotata in borsa non dipende unicamente dalla percezione che la società ha di un'impresa: un'azienda ritenuta dall'opinione comune valida e di successo può comunque essere reputata poco valida sul mercato. Ciò che conta veramente è quindi il valore che gli attori componenti il mercato (banche, privati, associazioni, etc), danno ad un'impresa e alle sue quote presenti in borsa. Il corretto presupposto di partenza di una giusta analisi fondamentale è quindi la valutazione del prezzo espresso nella quotazione di borsa del titolo preso in esame. Allo stesso modo dell'analisi tecnica o trading, l'analisi fondamentale non è una scienza: non dà e non può dare risposte certe e oggettive. Ciò che se ne deduce infatti dipende da fattori sempre diversi, inclusa anche l'interpretazione soggettiva dell'analista.

Analisi fondamentale: nozioni di base

Per poter capire l'effettivo valore che un'impresa ha sul mercato (e quindi delle sue azioni quotate in borsa) è essenziale essere capaci di quantificarne la capacità di produrre reddito e dividendi. Per essere in grado di fare ciò, bisogna innanzitutto procedere con l'analisi del **bilancio consolidato**. Il bilancio consolidato racchiude non solo gli utili e le perdite di una singola azienda, ma di tutte le imprese componenti una catena o gruppo. Bisogna poi tenere in considerazione il **mercato di riferimento** in cui tale società si trova ad operare e a cui deve dare conto. Si deve quindi tenere conto di fattori quali la concorrenza, le prospettive attuali o potenziali, la domanda e l'offerta, etc). Fondamentali sono poi le **condizioni generali macroeconomiche**.

Con questo termine si intende l'analisi delle condizioni non solo del mercato locale di riferimento ma anche di tutti quegli avvenimenti economici globali che potrebbero influenzare il comportamento e l'andamento del reddito dell'azienda presa in esame (ad esempio, le fasi di recessione o di crescita nazionali o addirittura mondiali potrebbero interferire con l'attività dell'impresa di nostro interesse). Ultima, ma non per importanza, è l'analisi del **bilancio aziendale** specifico. Esso si compone di due elementi inseparabili tra loro: lo stato patrimoniale ed il conto economico. Grazie a questi documenti, è possibile conoscere non solo i possedimenti dell'impresa, ma anche i crediti e i debiti che essa ha stipulato. Nel bilancio sono anche contenute tutte le informazioni sul capitale di investimento, sulle quote associative, etc. Vediamo la questione più da vicino. Iniziamo dal conto economico. I dati più importanti in esso contenuti sono: i ricavi provenienti dalla vendita di beni e servizi; il livello di efficienza altresì detto margine operativo lordo (MOL). Si tratta di un valore che misura la capacità dell'impresa di generare ricavi da reinvestire nelle proprie attività, nel più breve tempo possibile. Nel conto economico è poi compreso il reddito operativo (ovvero il margine operativo lordo privato di ammortamenti e accantonamenti). Infine, nel conto economico troviamo l'utile lordo o imponibile e l'utile netto. La differenza fra utile lordo e netto è che quest'ultimo è il risultato della tassazione effettuata sull'utile lordo. Nell'utile netto non sono inoltre compresi gli altri redditi straordinari e finanziari. Lo stato patrimoniale si divide invece in attività e passività. Nella sezione delle attività sono presenti tutti i possedimenti aziendali e i crediti dell'impresa, ma anche tutte le altre modalità secondo le quali l'azienda in questione utilizza gli strumenti e i capitali raccolti non solo dai soci, ma anche dagli eventuali creditori e investitori. Nelle passività sono invece compresi tutti i debiti contratti dall'azienda e le fonti di finanziamento. Analizzare il bilancio è essenziale in quanto esso rappresenta una sorta di "fotografia" dello stato di salute dell'impresa sulla quale vogliamo investire. I dati presenti nel bilancio sono elaborati tra loro e ciò consente di ricavare alcuni dei più importanti indicatori relativi alle prospettive dell'azienda. Questi indicatori vengono poi combinati e integrati con i dati presenti sul mercato azionario per poter avere maggiori indicatori relativi alle prospettive borsistiche del titolo azionario dell'impresa stessa. Ciò avviene proprio perché, come si è detto precedentemente, l'analisi fondamentale tiene conto sia del valore reale dell'azienda che di quello borsistico.

Questi due valori possono anche non coincidere. Gli indicatori di redditività fondamentali, che verranno spiegati più avanti nel dettaglio, sono almeno due: il **ROI** (return on interest) e il **ROE** (return of equity). Il primo misura la capacità degli investimenti di generare più o meno ricchezza rispetto all'investimento effettuato. Misura quindi se l'investimento genera o meno più ricchezza rispetto a quanto esso è costato all'azienda. Il secondo indice indica invece se il capitale utilizzato per l'attività rende di più o di meno in confronto ad eventuali investimenti alternativi semplici come, per esempio, i titoli di Stato. Il ROE esprime il tasso di remunerazione dei conferenti del capitale di rischio e consente quindi di valutare se nel periodo preso in esame sia stato o meno conseguito l'equilibrio reddituale. Questo indice serve quindi anche a valutare, appunto, l'appetibilità dell'investimento nell'azienda per i conferenti di capitale. Per quanto riguarda invece la borsa, i principali indicatori dell'analisi fondamentale riguardanti questo settore (che verranno visti meglio in seguito) sono: price / earnings (il P/E ovvero il rapporto fra il prezzo di borsa e l'utile ricavabile per ogni azione); price / book value (il P/BV ovvero il rapporto tra il prezzo presente in borsa e il patrimonio netto per ogni azione); price/ cash flow (il P / CF ovvero il rapporto fra il prezzo di borsa e il flusso di cassa per ogni azione); Dividend/yeld (il D/Y ovvero il rapporto fra il singolo dividendo ed il prezzo di una singola azione). Infine, per poter analizzare il flusso macroeconomico all'interno del quale l'impresa quotata si inserisce, vanno considerati altri indicatori. Essi sono appunto chiamati indicatori macroeconomici. Questi indicatori consistono ad esempio nella variazione del prodotto interno lordo di uno stato, della crescita o riduzione di fenomeni come l'inflazione, dei tassi d'interesse, della normativa fiscale messa in atto in uno stato o regione, etc.

Dal punto di vista pratico, si può investire con l'analisi fondamentale in tre modi fondamentali:

- Analizzando e mettendo a confronto i bilanci di periodi diversi, oltre al mercato di attività e alle condizioni complessive della società. In questo modo è possibile monitorare allo stesso tempo sia le informazioni che le notizie che riguardano la società stessa, per poter così ottenere un pronostico sulla produttività dei mesi successivi. Essa va poi integrata con i dati provenienti dalla borsa tramite l'utilizzo software creati appositamente a questo scopo (presenti anche nelle piattaforme che si occupano di fornire il servizio di trading online): ciò però implica che si deve fare tutto da soli, studiando di volta in volta i bilanci e le varie informazioni, con un grosso impiego sia di tempo che di fatica. Si ottengono però così dati e informazioni sicuramente affidabili.

- Una seconda possibilità consiste nel basarsi unicamente sul *consensus* (che altro non è se non il totale complessivo dei giudizi espressi sulla società in questione da parte di analisti professionisti. Il *consensus* viene di solito riunito e in seguito trasmesso da società professionali la cui principale specialità consiste proprio nell'informazione finanziaria; un esempio di queste società è costituito da Reuters). In opposizione a quanto è stato detto al punto precedente, ciò vuol dire fidarsi di analisi effettuate da terzi (esperti) che, se per un verso possono trovarsi talvolta in dichiarato conflitto d'interesse con le medesime società che si trovano a giudicare, dall'altro lato sono utilizzate dalla quasi totalità del mercato;

- La terza possibilità consiste nel combinare i primi due punti al fine di trovare la classica via di mezzo: ad esempio, è possibile utilizzare come punto di partenza il *consensus* professionale per poi sovrapporre ad esso le proprie verifiche e controlli.

L'utilizzo principale che viene fatto dell'analisi fondamentale è quello orientato alla pratica del trading online. Essa è indispensabile soprattutto quando si è decisi a prendere in considerazione gli investimenti di medio-lungo periodo. Nella eventualità in cui chi investe preferisca investimenti di brevissimo oppure breve periodo, allora bisogna tenere presente che questa metodologia risulta meno attendibile nel caso in cui si presentino improvvisi cambiamenti di scenari. In questo caso è quindi consigliabile utilizzare, insieme alla analisi fondamentale, anche la tradizionale analisi tecnica.

Alcune piattaforme che offrono servizi di broker online offrono, fra le altre cose, anche servizi di analisi fondamentale: esse forniscono ad esempio il *consensus* che solitamente, come si è già accennato sopra, forniscono gli analisti. Ogni analista esprime a intervalli regolari quello che viene chiamato un giudizio sintetico (anche definito raccomandazione oppure rating, come per esempio conservare, vendere, comprare, aumentare, o altro), fornendo poi anche un prezzo oggettivo o anche detto target price. Tenendo controllato l'andamento sia dei rating che dei target price è quindi possibile farsi un'idea indicativa del modo in cui si trasforma il consensus, e quindi del modo in cui i professionisti del settore vedono il futuro di una (o più) società.

I dati che vengono estrapolati a partire dagli indicatori presenti nell'analisi fondamentale possono in seguito venire rielaborati per andare a formare i grafici di borsa che sono utilizzati per metterne a confronto l'evoluzione con l'andamento di un certo titolo. Ciò avviene con un particolare focus per tutti quei momenti che si sovrappongono ad eventi straordinari della vita di una società.

In sintesi

Analisi fondamentale e analisi tecnica sono quindi le due sezioni di analisi principali e imprescindibili per condurre una corretta e affidabile analisi di mercato. Se da un lato l'analisi tecnica è fondata sullo studio dei grafici, dall'altro lato l'analisi fondamentale conduce i suoi studi all'esterno delle transazioni di prezzo dei vari settori. L'analisi fondamentale può quindi spesso riuscire più difficoltosa a chi si trova alle prime armi, e necessita sicuramente di una maggiore quantità di energie, impegno e studio.

È possibile quindi capire se un'azione, in prospettiva di un eventuale investimento, è valida oppure no. Viene così stimato il "fair value" ossia il valore oggettivo del costo delle azioni prese in considerazione. Una volta calcolato il fair value, lo si dovrà mettere a confronto con il costo attuale delle azioni presenti in borsa di una società, ovvero il market value, o valore di mercato. Da tale paragone si riuscirà a capire se un'azione sia sottovalutata oppure sopravvalutata. Nel primo caso, il valore di mercato è inferiore al fair value. Nel secondo caso, invece, il valore di mercato è superiore al fair value. Se una società si presenta come sottovalutata (quindi con il market value più piccolo rispetto al valore intrinseco dell'azione) allora si potrà dire di avere a portata di mano una vera opportunità di investimento. Non è il caso, però, di essere precipitosi: si dovrà infatti aspettare che il mercato si renda conto della presenza di questo squilibrio, e recuperi. Questo procedimento (ovvero i tentativi di recupero dello squilibrio presente nel mercato) farà in modo che le quotazioni si alzino. Noi, nel frattempo, grazie all'utilizzo dell'analisi fondamentale, saremo già pronti ad aprire il nostro investimento. Conoscendo il valore degli strumenti di mercato potremo decidere come posizionarci. L'obiettivo finale è quello di essere in grado di effettuare previsioni sulle oscillazioni future dei prezzi; ma anche sulla solidità e sulla redditività ventura non solo di un'azienda ma anche delle sue azioni. In altri termini, si tratta di essere sicuri di avere l'opportunità di guadagnare qualora si decidesse di investire su di essa.

Nel corso dell'analisi fondamentale vengono analizzate due tipologie di informazioni: i dati macroeconomici e quelli microeconomici. I primi sono indicatori del'intero e totale sistema – si tratta di quelli che vengono chiamati market mover, la loro evoluzione determina il prezzo degli asset. Un esempio è il PIL. I dati microeconomici invece analizzano le informazioni tratte dall'impresa per poter calcolare e controllare la stabilità e la redditività dell'azienda. Una corretta analisi microeconomica si svolgerà quindi prendendo in considerazione diversi fattori, tra cui i principali sono:

- La strategia dell'azienda presa in esame (quella di cui si vuole cioè calcolare il fair value);

- L'analisi economica del settore di appartenenza dell'azienda;

- il bilancio d'impresa, composto a sua volta da Conto Economico e Stato patrimoniale (questa parte dell'analisi fondamentale viene anche chiamata forecasting);

- una analisi di questo tipo ha come obiettivo l'individuazione dei payoff da utilizzare nei diversi modi di valutazione (free cash flow, dividendi, risultato operativo anomalo);

- l'individuazione dei già visti indicatori di Bilancio. Essi vanno individuati e poi confrontati con i dati precedenti della stessa azienda o di imprese simili o concorrenti;

Gli ulteriori indici utilizzabili per calcolare il valore intrinseco sono considerati diversi "multipli di mercato" e quella che viene chiamata "analisi dei flussi di cassa". La totalità dei risultati di tutte queste analisi danno indicazioni su quale sia il senso in cui un'impresa si sta muovendo nell'ultimo periodo. Avere questo dato a portata di mano ci serve quindi per capire se investire in essa e, se sì, in quali modalità.

Capitolo 2

L'impresa: cenni iniziali

Perché scegliere proprio di divenire azionisti?

Azionisti veri e propri lo si diviene solo nel momento in cui compriamo delle azioni con i nostri soldi. Ma cosa vuol dire ciò, nello specifico? Vuol dire che si sta *investendo* economicamente nella crescita e nella produttività dell'impresa che viene scelta. È quindi come se possedessimo una piccola parte dell'impresa nella quale abbiamo deciso di investire. Comprando azioni di un'azienda se ne diventa soci: trasformandosi in soci si ha quindi diritto ai dividendi (ovvero i guadagni dell'impresa). Ciò avviene, chiaramente, solo nel momento in cui l'impresa non decida di utilizzarli per altre occupazioni e quindi di reinvestirli. I soci però non hanno diritto solo ai dividenti. Oltre ad essi, che non sono mai sicuri, gli investitori e quindi soci hanno l'opportunità di monetizzare dal cosiddetto *capital gain* (si tratta dello scarto fra il prezzo a cui un titolo viene venduto e quello a cui viene comprato). Se i soci hanno fatto il loro investimento nel momento in cui il costo era basso, e successivamente esso è aumentato, e i soci riescono a venderlo, essi guadagneranno dalla differenza dei due costi.

In entrambi gli scenari, è interesse anche dell'investitore – socio che l'impresa continui ad essere robusta, solida e redditizia. Anche perché se l'impresa dovesse andare in fallimento, fallirebbe anche il socio – investitore che ha deciso di comprare quel titolo e quindi quel pezzo di azienda. In poche parole, il titolo acquistato diventerebbe cartastraccia. Per capire meglio se l'impresa di cui si vuole divenire soci è sana e robusta, è indispensabile utilizzare l'analisi fondamentale. Per applicare e approfondire quindi l'utilizzo l'analisi fondamentale nel trading online, è necessario quindi capire in primo luogo cos'è un'azienda e come funzionano i suoi principali meccanismi.

L'impresa

Che cos'è un'impresa? Per capire veramente questo termine e tutto ciò che esso implica, è necessario studiare e approfondire nozioni come quella di bilancio, stato e report economico e finanziario di un'azienda, utile, perdita, eccetera. Queste nozioni possono risultare pesanti o noiose per chi vi si approccia per la prima volta, ma è necessario soffermarsi brevemente su cosa sia un'azienda e sui diversi tipi di imprese presenti sul mercato. I bilanci e i report costituiscono per le aziende obblighi imposti dalla legge, ed esse incorrono in pesanti sanzioni se non rispettano questo dovere. Questi strumenti sono però anche utili all'impresa: grazie ad essi, l'azienda può costantemente monitorare e valutare se stessa ed il proprio rendimento. Un tempo non esistevano i controlli di qualità: questi costituivano quindi i soli modi tramite i quali la direzione di una impresa aveva la opportunità di capire il proprio andamento produttivo ed il proprio posizionamento sul mercato rispetto alla concorrenza. Dall'analisi fondamentale si può infatti capire se e quanto essa ha successo tra i clienti, e, nel caso si renda necessario, il modo migliore per aggiustare la propria rotta.

Un'impresa è fondamentalmente un complicato sistema nel quale sono presenti sia elementi concreti e tangibili, che elementi impalpabili. Vi sono quindi sia immobili materiali che non materiali, così come persone e intelligenze che collaborano coi mezzi puramente tecnici e pratici. All'interno di una struttura aziendale, tutto, dalle risorse finanziarie a quelle umane (fondamentalmente il personale) è finalizzato alla produzione alla diffusione del valore aziendale sul mercato, fino al consumatore. Tutte le aziende possono venire viste sotto punti di vista diversi. Un'azienda può essere infatti sia una organizzazione economica che un sistema formato da interazioni sociali. Inoltre, un'impresa è sempre una struttura patrimoniale. In qualità di organizzazione economica, un'azienda che si rispetti mira sempre al soddisfacimento dei bisogni dei consumatori tramite quella che viene definita attività di produzione. Questa attività è in grado e ha lo scopo di trasformare tutte le risorse in entrata, in beni e servizi rivolti ai clienti. L'imprenditore che fonda l'azienda, per poterla rendere operativa, inizia investendo un certo capitale. L'azienda, per funzionare correttamente, dovrà quindi, una volta avviata, essere in grado di generare reddito e di valore. Deve essere in grado di produrre utili, deve quindi guadagnare. Se l'azienda non ottiene profitti, essa non può sopravvivere. Coloro che hanno investito in essa, quindi, avranno perduto il proprio denaro.

Costi e ricavi aziendali

Esistono sul mercato diverse forze competitive con le quali ogni azienda si trova inevitabilmente a confrontarsi. Esse sono individuabili e analizzabili grazie al sistema dell'analisi fondamentale. Le più importanti forze competitive sono costituite da: i fornitori indipendenti, i prodotti che possono sostituire quelli dell'azienda, l'andamento irregolare degli acquirenti, e la concorrenza stretta, delle altre imprese che forniscono beni o servizi simili a quella su cui vogliamo investire. Conoscere queste forze nel dettaglio fa in modo che un'impresa riesca a capire a fondo come è strutturato e definito il settore nel quale ha scelto di collocarsi. L'analisi fondamentale servirà quindi ad individuare il vantaggio competitivo dell'impresa (il valore aggiunto che la distingue dalla massa e che le permette di guadagnare) e a stabilire se esso sia duraturo o meno. Un'impresa chiude l'anno in utile nel momento in cui i ricavi sono maggiori dei costi: l'analisi fondamentale ci permette di individuare proprio il valore di ricavi e costi. quando, al contrario, i costi sono maggiori dei ricavi, allora è corretto dire che l'azienda ha chiuso o sta chiudendo in perdita. I guadagni vengono creati dalla vendita dei beni prodotti dall'impresa, mentre i costi dipendono direttamente dalla quantità di merce prodotta e venduta. Con l'aumentare dei ricavi, l'azienda diviene sempre più forte e in salute. Questo dato emerge chiaramente dall'analisi fondamentale condotta sul bilancio aziendale: se l'azienda è produttiva, sarà sensato investire in essa e comprarne un titolo.

Come è stato accennato, nella gestione di una azienda è tanto importante saper generare ricavi, quanto saper gestire i costi

d'impresa. Essi possono essere fissi o variabili. I primi sono costituiti da tutti quei costi che non possono essere eliminati o modificati in un periodo di tempo breve, o che comunque costituiscono dei costi strutturali per la gestione dell'impresa, senza i quali non si potrebbe fare nulla (ad esempio, le tasse che l'impresa deve periodicamente versare allo stato, oppure la spesa per l'affitto mensile del locale aziendale in cui si svolge l'attività). I costi variabili, invece, possono cambiare a seconda dell'ammontare di fattori bene prodotto, del tempo di usura di un bene acquistato, del tempo di utilizzo che si fa di un certo strumento comprato, etc. Se, ad esempio, se dovrò servire quindici Coca Cola, ne avrò più necessità che se ne devo servire dieci. Spenderò quindi più soldi nell'acquisto di questo determinato prodotto. È compito dei cosiddetti sistemi di contabilità quello di registrare l'ammontare di ciò che si è guadagnato, quindi dei guadagni, e di ciò che si è dovuto spendere, ovvero dei costi. Nello specifico, la materia che viene definita "contabilità analitica" analizza quindi dove ed in che modo viene prodotta una più grande quantità di ricavi aziendali, e dove e come invece si presentano le più importanti spese e quindi i costi. L'analisi che si occupa di studiare sia i bilanci aziendali che l'ambiente competitivo del settore nel quale è collocata l'azienda, è indispensabile per la corretta predisposizione delle strategie aziendali più appropriate. Si può decidere, ad esempio, di cancellare alcuni costi ritenuti superflui, oppure di mettere in moto dei sottosistemi di impresa meno redditizi (in modo tale da abbattere i costi per un certo periodo di tempo).

Le imprese e la Borsa: perché le aziende decidono di quotarsi?

Moltissime sono le imprese che, ad oggi, decidono di immettersi sul mercato finanziario con lo scopo di rafforzare la propria immagine, la propria influenza prestigio, cercando di provare al mercato che esse sono già abbastanza grosse e solide da riuscire ad attirare l'attenzione di terzi, che decideranno poi di investire in esse. Altre aziende, invece, decidono di quotarsi per poter dimostrare al mercato di avere la solidità necessaria a sostenere le oscillazioni dell'imprevedibile mercato dei capitali. Quasi sempre ci si quota, quindi, per suscitare l'interesse degli investitori e per promuoversi sul mercato internazionale.

Alla quotazione consegue anche un più alto credito presso le banche, poiché i titoli presenti in borsa possono essere utilizzati come garanzia di pagamento. Un altro aspetto positivo è che la quotazione rappresenta anche un incentivo per managers e dipendenti, poiché possono comprare i titoli e investire essi stessi sull'azienda di cui fanno parte.

Monoprodotto o multiprodotto?

Nel corso dello svolgimento di un'analisi fondamentale è sempre importante capire se un'impresa sia monoprodotto oppure multiprodotto. Le prime fatturano tramite la produzione e la vendita di un singolo bene. Le seconde invece fatturano grazie alla produzione e vendita di un vasto ventaglio di beni. Le aziende monoprodotto tendono ad essere più deboli e meno solide dal momento che il loro fatturato dipende unicamente dalla vendita di un solo bene: se va male quello, il fatturato diminuisce inevitabilmente. Non è però sempre detto che sia così: ad esempio, le aziende monoprodotto che fanno parte di un franchise o sono in partnership con altre imprese, oppure operano in diversi paesi, hanno comunque le spalle coperte.

Impresa e capitalizzazione

Nella disciplina dell'**economia aziendale**, con il termine capitalizzazione ci si riferisce alla pratica abituale delle imprese di destinare una parte dei ricavi conseguiti agli impieghi. Il tasso di capitalizzazione è dato dal rapporto tra capitale proprio e mezzi di terzi: un valore ottimale dovrebbe oscillare intorno ad uno. Se il valore di capitalizzazione è vicino allo zero, allora i creditori non sono sicuri. Si deve però stare attenti anche ad un taso di capitalizzazione eccessivamente alto, poiché ciò significherebbe che l'azienda non sta investendo in nulla (potrebbe quindi non aver accesso a nessuna forma di finanziamento).

In **finanza**, con capitalizzazione si intendono invece il numero delle azioni quotate moltiplicato per il costo di mercato di una singola azione. Questo valore spesso differisce molto dal valore nominale delle azioni. La capitalizzazione viene spesso utilizzata per potersi fare un'idea dell'opinione pubblica per quanto riguarda il patrimonio di un'azienda; allo stesso tempo, il tasso di capitalizzazione fa trasparire il valore patrimoniale di una impresa. Indica quindi il valore di mercato di una società; grazie all'analisi fondamentale potremo sfruttare questa informazione a nostro vantaggio. La capitalizzazione viene altresì usata per misurare la grandezza di una società. Se ne deduce quindi che l'insieme delle capitalizzazioni delle società quotate su un mercato consente di valutare la grandezza di un settore o addirittura di un'intera borsa. Il tasso di capitalizzazione non si usa solo come misura delle dimensioni aziendali ma anche per calcolare il livello di liquidità di un'azione: più una azione è capitalizzata, infatti, più è liquida, e poco influenzata dalle manipolazioni del prezzo. Basarsi unicamente sul solo tasso di capitalizzazione sarebbe errato: proprio a questo servono gli indici utilizzati nell'analisi fondamentale (roa, roe, etc). Una volta studiata l'azienda dal punto di vista generico, è indispensabile passare alla disamina dei dati concreti. Questi indici si possono confrontare nel tempo e indicano in maniera reale se l'impresa scelta presenta la carta vincente per poter guadagnare. Se quindi vale la pena comprarne le azioni.

Capitolo 3
I flussi di cassa e i multipli di mercato

Il bilancio d'esercizio

Il bilancio d'esercizio di una azienda è necessario per comprendere i guadagni in entrata nell'arco di tempo preso in considerazione, ed il relativo capitale di funzionamento.

Esso è formato da tre componenti:

- Lo stato patrimoniale;
- Il conto economico;
- La nota integrativa.

Il primo elemento, ovvero lo stato patrimoniale, ha il compito di contenere e di mostrare la situazione patrimoniale di una azienda. Con "situazione patrimoniale" si intende, in economia aziendale, tutti i beni posseduti dall'azienda, incluso il capitale, e i debiti che l'azienda ha verso terzi. Lo stato patrimoniale viene infatti suddiviso in due parti:

- il patrimonio attivo, composto da tutte le tipologie di possedimenti e di investimenti effettuati dalla impresa; esso include anche tutte le azioni patrimoniali effettuate dalla azienda. Nella sezione delle attività vanno inserite tutte le attività immobilizzate e le attività correnti.

- il patrimonio passivo, nel quale sono riportati tutti i debiti che la azienda ha contratto nei confronti di terze parti. Nelle passività (quindi nei debiti) vengono inseriti il capitale sociale, i prestiti a lungo termine, le passività correnti.

Per effettuare una precisa analisi fondamentale è però necessario conoscere non solo lo stato patrimoniale ma, come si è detto, anche il conto economico. Questo documento fornisce tutti i dati necessari a sapere quanto la società ha realizzato, sia in positivo che in negativo, nel corso dell'arco di tempo esaminato.

Le attività aziendali inserite nel conto economico comprendono:

- Il fatturato dell'impresa
- I costi da essa sostenuti
- Gli interessi e i proventi straordinari
- I proventi finanziari
- Le imposte
- L'utile netto (quindi al quale sono già state applicate le tasse).

L'utile netto è il guadagno totale, il vero reddito accumulato da una impresa. Se l'utile netto risulta positivo, è possibile decidere se lo si vuole reinvestire in attività dell'impresa o se, invece, si preferisce lasciarlo agli investitori / azionisti in qualità di dividendo. Se l'utile si decide di consegnarlo agli azionisti, cioè voi, vi sarà data una cedola. Quando l'utile è positivo, inoltre, la società può evidentemente autofinanziarsi senza avere la necessità di prestiti da parte di terzi; oppure, è finalmente in grado di saldare quelli che ha contratto precedentemente. Nel caso in cui l'utile netto fosse negativo, ovviamente ciò può costituire una situazione problematica. Un bilancio aziendale consolidato è quindi ciò che mette in mostra la conformazione del patrimonio di una impresa e l'andamento economico di un gruppo di aziende che fanno capo ad una medesima impresa che si occupa di stilarlo. Esistono diversi metodi per valutare una impresa. I modi più utilizzati per la analisi di una società sono fondamentalmente due: i multipli di mercato ed i flussi di cassa. Entrambi i metodi hanno sia vantaggi che svantaggi, ma l'analisi ottimale si ottiene in realtà unendo e utilizzando entrambi i metodi elencati sopra. Per questo motivo verrà ora analizzato prima il metodo dei flussi di cassa e successivamente, più avanti, quello dei multipli. Gli esiti che risultano da queste due metodologie di analisi possono anche essere differenti: in questo caso, per poter risolvere la situazione è necessario effettuare una media ponderata tra i due risultati. È compito di chi conduce l'analisi, poi, sulla base dei dati ottenuti, decidere quali utilizzare per mettere in atto la propria strategia e quali utilizzare nell'analisi fondamentale.

I flussi di cassa

Questa metodologia viene altresì chiamata con il nome di Discounted Cash Flow, nome riassumibile nella sigla DCF. Si tratta di uno dei modi più accreditati per condurre analisi fondamentale. Consente infatti di ricavare il valore totale del capitale di una impresa servendosi del valore corrente dei flussi di cassa che essa potrà effettuare in futuro, e scontati poi per un determinato tasso di attualizzazione. Per poter effettuare il calcolo è necessario utilizzare il valore corrente dei flussi di cassa operazionali previsti per un certo periodo di previsione precedentemente deciso, e un valore finale che è il medesimo di quello dei flussi di cassa seguenti all'arco di tempo identificato.

Nel caso in cui non si fosse a conoscenza dei dei flussi di cassa, è anche possibile utilizzare i dividendi. Nel caso in cui venissero utilizzati, appunto, i dividendi, si otterrebbe il Dividend Discount Model, anche riassunto nella sigla D.D.M. Questo indicatore viene utilizzato però maggiormente per singoli titoli di azioni appartenenti a imprese che stanno avendo successo sul mercato, proprio grazie alla loro politica dei dividendi, oppure grazie alle attività e all'intervento delle banche. Una volta calcolato il valore dei flussi di cassa, si può andare a effettuare il calcolo per trovare il valore complessivo dell'azienda.

Conoscere valore di un'impresa grazie ai flussi di cassa

Per poter conoscere il valore di un'impresa è necessario unire insieme tre diversi elementi ad essa appartenenti:

- il valore del flusso di cassa, che abbiamo appena visto come ricavare;
- le tempistiche e le scadenze entro le quali si prevede di realizzare suddetti flussi di cassa;
- i diversi fattori di rischio presenti, che potrebbero influenzare la produzione e quindi il guadagno.

È quindi possibile conoscere il valore di una azienda semplicemente sommando questi tre indicatori e sottraendo poi al valore ottenuto il tasso di attualizzazione (valore che esprime la percentuale di rischio imprenditoriale).

La formula necessaria per calcolare il valore di una impresa sarà dunque, in termini matematici:

VA (il valore dei flussi di cassa correnti) + Pfn (la posizione finanziaria dell'impresa) + assets (esclusi quelli della gestione caratteristica).

Sono due i flussi di cassa che è possibile ottenere tramite l'analisi fondamentale, i flussi levered e quelli unlevered.

Vediamo insieme la differenza fra le due tipologie.

- I flussi levered: si tratta di flussi di cassa messi a disposizione per gli azionisti, e resi correnti tramite l'uso del cosiddetto C.A.P.M. (sigla che sta ad intendere il Capital Asset Pricing Model).

- I flussi unlevered: ovvero i flussi di cassa messi a disposizione sia degli azionisti che dei creditori, e resi correnti tramite l'uso del W.A.C.C. (cioè il costo medio ponderato del capitale).

Capital Asset Pricing Model e Costo Medio Ponderato del Capitale costituiscono i tassi necessari per attualizzare il profilo di cassa; essi manifestano il profilo di rischio. Vi sono delle importanti differenze fra questi due tassi.

La prima tattica, infatti, giunge in maniera indiretta al valore totale del capitale aziendale. Infatti, la valutazione del capitale di una società si ricava togliendo dal capitale aziendale la quota di indebitamento e gli assets che non sono compresi all'interno della gestione caratteristica. La seconda tattica, al contrario, è in grado di ricavare invece direttamente il prezzo del capitale netto. Entrambe le metodologie dovrebbero condurre comunque alla medesima cifra (ciò avviene solo però se il rapporto di indebitamento viene citato nella maniera giusta tra i tassi usati per scontare i tassi). Non appena si è riusciti ad individuare il flusso di cassa (primo metodo o secondo metodo è indifferente) esistono poi tre modalità finalizzate a ricavare il valore della società tramite l'utilizzo dell'analisi fondamentale trading.

Le tre tattiche più utilizzate per poter calcolare il valore delle azioni

Sono tre metodologie che consentono al potenziale investitore di farsi un'idea della situazione dell'impresa prima di decidere se investire o meno su di essa.

- Il metodo finanziario analitico: dal momento che i flussi di cassa vengono calcolati una volta all'anno, fino alla fine del ciclo di vita della società. Questo metodo viene usato nel corso delle analisi che prevedono un orizzonte temporale definito, quando cioè si può ipotizzare una più o meno stabile prevedibilità dei flussi.

- Il metodo finanziario sintetico: esso risulta decisamente utile quando si ha a che fare con le analisi che comprendono un lungo periodo. Si utilizza quindi prevalentemente per l'analisi di imprese che presentano un equilibrio economico e finanziario stabile e che dura nel tempo. Si tratta quindi di tutte quelle società che sono ormai arrivate alla matura età e con bilanci regolari negli anni. Questo metodo, infatti, si basa sulla stabilità di alcune informazioni, come ad esempio i flussi di cassa, i guadagni netti, i tassi di capitalizzazione.

- Il metodo finanziario analitico con terminal value: si tratta del metodo maggiormente usato, dal momento che risolve la questione legata alla problematicità della previsione dei flussi. Essi, infatti, vengono calcolati e viene poi effettuata una previsione dei flussi di cassa che comprende un predeterminato e predefinito arco temporale (solitamente compreso fra i quattro ed i sette anni) e successivamente si va avanti con questa stima. Proprio per questo, questo metodo è definito anche "della rendita perpetua". Il capitale, quindi, è ottenuto dalla somma dei flussi di cassa con il terminal value ottenuto grazie alla formula di Gordon.

Multipli di mercato

La maggior parte degli indici nominati fino ad ora sono forniti dalle imprese; nell'analisi fondamentale quindi c'è poco da dover inventare o calcolare da sé (a differenza dell'analisi tecnica). Inoltre, il meccanismo dell'analisi fondamentale trading risulta ancora più semplice per i potenziali investitori, dal momento che la maggioranza dei software e delle piattaforme consente il di calcolare automaticamente il valore dei multipli che andremo a nominare nelle pagine successive e che risultano fondamentali nella disciplina dell'analisi fondamentale.

A differenza dei flussi di cassa di cui si è parlato prima, che spesso possono sembrare veramente troppo macchinosi e complessi, i multipli di mercato risultano quindi più semplici, solitamente, da ottenere. I multipli di cui si parlerà in questo paragrafo sono costituiti dai rapporti tra i prezzi di mercato di un titolo (ovvero le quotazioni) e i multipli relativi al valore della società in questione. Le unità di misura che vengono maggiormente utilizzate per calcolare i multipli sono fondamentalmente tre: utili, vendite, valore del capitale proprio. Quindi, essere a conoscenza di questi valori consente agli azionisti e investitori di comprendere se il trading di un titolo potrà generare guadagno oppure no.

Effettuando il rapporto fra queste unità di misura si otterranno vari multipli; essi sono utilizzati per calcolare il valore oggettivo di un'azione data (anche detta, in gergo tecnico, azione target). Un dato fondamentale da tenere a mente è che deve assolutamente esserci sempre coerenza temporale tra il numeratore e denominatore: i calcoli e i dati errati vanno assolutamente eliminati dal conteggio. Il principio della coerenza temporale comprende tre tipologie di multipli.

Vediamoli insieme.

- Multipli Current: questi multipli servono per mettere a confronto i prezzi attuali con i valori inseriti nell'ultimo bilancio d'esercizio redatto.
- I Multipli Trailing: essi mettono a confronto i prezzi attuali con quelli dell'ultimo anno (scandito in quattro trimestri). Questi multipli sono i più aggiornati dei tre e quindi, solitamente, anche i più esaustivi.
- Multipli Leading: questa tipologia di multipli, infine, permette di mettere a confronto i prezzi attuali con i risultati previsti per la fine dell'anno successivo.

Quali sono però i veri multipli di mercato? Ne esistono diverse tipologie.

Vediamo insieme le più importanti.

I multipli di mercato possono essere multipli di prezzo, bilancio, o valore.

I multipli di prezzo

I multipli di prezzo sono essenziali per produrre una corretta analisi fondamentale trading. Essi prendono il via sia dal prezzo al quale una azione è stata quotata, sia dalla sua capitalizzazione di mercato. Esistono diverse tipologie dei multipli di prezzo, i più significativi, come già è stato accennato nell'introduzione, sono quelli che vengono elencati qui sotto.

Il Price to cash flow from operations: P / CFO, ovvero = il prezzo diviso il flusso di cassa per azione.

Price Earnings Ratio: P / E, cioè = il prezzo diviso l'utile per azione.

Price to Sales, cioè: P / S = il prezzo diviso le vendite.

Price to book value, ovvero: P / B = il prezzo diviso il valore di libro. Con valore di libro si intende la somma del capitale sociale azionario, dei sovrapprezzi e degli utili accumulati nel tempo dall'azienda e utilizzabili come scorte.

Ci soffermeremo più avanti su di essi, dal momento che costituiscono gli indicatori più importanti, insieme ai multipli di bilancio, per condurre una corretta analisi fondamentale.

I multipli di bilancio

Gli indici che rientrano nella categoria dei multipli di bilancio (che comprendono anche gli indici di redditività) sono, rispetto agli altri, più semplici da trovare nel corso dell'analisi fondamentale. Essi risultano inoltre più sintetici e semplici da applicare. I multipli di bilancio più utilizzati sono quattro. Ma cerchiamo di vederli meglio e più da vicino. Primo di tutti vi è l'indice ROA (sigla che sta ad indicare il Return On Asset). Tale indice viene anche chiamato RONA (Return On Net Asset). Esso è fondamentale nella lettura dei dati aziendali dal momento che misura la redditività operativa di un'impresa. Con ciò viene intesa la capacità della gestione caratteristica di una società di produrre ricchezza e quindi reddito sulla base di un certo investimento che è stato compiuto. Tale indice misura il modo in cui un'impresa può comportarsi sulla base di quel che possiede, a prescindere dal tipo di finanziamento utilizzato. Si rivela utilissimo per poter confrontare società in competizione fra loro ma che appartengono allo stesso settore di mercato. La formula che viene utilizzata per ottenere questo indice è: l'utile imponibile / l'attivo totale.

L'altro indice importantissimo per l'analisi fondamentale è il ROS (Return on Sales o ritorno sulle vendite). Questo indice serve per capire quale sia, in un'azienda, il risultato operativo medio per ogni unità di ricavo. Il Return On Sales ha quindi la funzione di rappresentare il valore della redditività di una impresa (con redditività si intende la percentuale di ricavo guadagnata dai conferenti di capitale proprio nell'attività aziendale) in riferimento alla capacità di remunerazione dei guadagni. La formula da applicare per trovare questo indice è risultato operativo / ricavi di vendita x 100. Questa formula è sintetizzabile in RO / V (V indica il guadagno netto derivante dalla vendita, anche detto vendita netta). Grazie al ROS è possibile capire, ad esempio, in quale percentuale le vendite di un certo bene hanno pesato sul ricavo totale dell'azienda. È quindi possibile confrontare i ROS di diversi prodotti e capire quale prodotto ha fatto guadagnare di più. Più il valore del ROS è elevato, più è alta anche la capacità dell'impresa di guadagnare direttamente dalle vendite dei propri prodotti. Quando il ROS è invece basso, esso mostra che c'è qualcosa che non va relativamente a qualche passaggio nella produzione, o nelle strategie di vendita messe in atto dalla società. Vi sono poi gli altri due indici: il ROI (Return on Investment) ed il ROE (Return on Equity). Il ROI è l'indicatore che misura la produttività della gestione caratteristica, ma a prescindere dagli investimenti effettuati o dalla tipologia di fonti che vengono usate: il ROI indica, cioè, quanto risulta remunerativo il capitale che è stato investito in una determinata società sia dai fondatori che da eventuali terzi. La formula da utilizzare per ricavare il ROI è risultato operativo / totale attivo. Vi è infine il ROE: conoscendo il ROE è possibile fare ipotesi facilmente riguardo al futuro rendimento che un titolo aziendale potrebbe generare. Questo indicatore rappresenta quindi la redditività dell'investimento che è stato fatto, il capitale di rischio fornito dai soci, e viene messo a paragone con il rendimento generato da altri investimenti alternativi. Il ROE consente perciò di considerare se nel periodo analizzato sia stato raggiunto l'equilibrio reddituale. Il ROE serve anche a valutare il livello di appetibilità dell'investimento per gli eventuali conferenti di capitale. Si calcola dividendo il reddito netto per il capitale netto e moltiplicando il risultato per cento. E' un buon indicatore tra i tanti perchè non tiene in conto solo la gestione caratteristica di un'impresa, ma anche le decisioni sulla gestione finanziaria e patrimoniale. Si tratta di un indicatore usato per valutare le modalità in cui il titolare aziendale ha deciso di utilizzare tutte le risorse disponibili per renderle redditizie. Più il valore del ROE è alto, più l'impresa ha generato ricchezza, è solida e produttiva. Quando il valore di questo indice, invece, è negativo, le perdite ci sono e sono anche importanti: a tal punto da arrivare ad intaccare il capitale di rischio.

I multipli di valore

I multipli dell'Enterprise Value (EV, ovvero l'indicatore che esprime il valore di un'azienda) pongono in contatto il valore aziendale con l'utile della società stessa, ma anche con altri valori come il margine operativo ed altri valori che vengono riportati nel conto economico d'impresa.

L'Enterprise Value si calcola facendo l'addizione fra il valore della capitalizzazione di borsa dell'azione che è stata quotata e l'indebitamento finanziario netto. Questo però nelle aziende indebitate. Nelle aziende non indebitate, l'Enterprise Value si calcola togliendo il valore della liquidità netta a quello della capitalizzazione di borsa. Il valore aziendale ricavato in questo modo indica quindi il costo che dovrebbe pagare chi fosse intenzionato a rilevare l'impresa senza accollarsene i debiti.

Dall'Enterprise Value è possibile calcolare, fra le altre cose, anche diversi multipli di valore:

- EV / Ebit (Enterprise Value / Earnings before interest and taxes)
- EV / Ebitda (Enterprise Value / Earnings before interest taxes depreciation and amortisation).
- EV / Sales.

Sui multipli di valore ricavabili dall'Enterprise Value ci soffermeremo molto poco, dal momento che essi vengono utilizzati molto meno nell'analisi fondamentale trading (nascono infatti con altri scopi). Ci concentreremo quindi sui multipli di bilancio e di prezzo.

Due modi per operare con i multipli

Esistono due tipologie di approcci diversi per operare con questa tecnica:

- **Asset Side:** esso si occupa di calcolare il valore di una società ma in modo indiretto: per calcolarlo infatti si utilizza come base il capitale operativo, dal quale viene sottratto poi il tasso di indebitamento. Utilizza i multipli di valore (EV / Ebit – EV / Ebitda – EV / Sales).

- **Equity Side:** calcola il valore di un'impresa in modo diretto (ovvero, non è legato alla posizione finanziaria della società). Utilizza valori come P / Utile netto, P / Book Value, P / FCF, che vedremo più avanti.

L'efficacia dei multipli di prezzo rispetto agli altri multipli

Prima di soffermarsi sui multipli di prezzo è necessario però introdurre un ulteriore indice che serve per calcolare altri multipli: stiamo parlando dell'EPS. La sigla EPS sta per Utile Netto per Azione (in inglese: Net Earnings for Share). Questo indice torna in moltissime altre analisi. In questo caso, viene utilizzato solamente come punto di partenza per il calcolo dei multipli successivi (dal momento che, se utilizzato da solo, è probabile che generi errori e imprecisioni di vario tipo. Nell'analisi fondamentale esso quindi utilizzato solo, ad un certo punto, come base di partenza per successivi calcoli. L'utile netto per azione si ottiene dividendo l'utile netto per il numero di azioni aziendali in circolazione (quando si dice "in circolazione" si intendono tutti i titoli di azioni che sono state scambiate, ma anche che ancora sono disponibili per l'acquisto e l'investimento).

Torniamo ora ai multipli di prezzo. Il più utilizzato e raccomandato è il P / E. Con questa sigla si intende il Rapporto fra Prezzo e Utile, anche detto rapporto fra Price ed Earnings Ratio. Il P / E altro non è se non l'indice che deriva direttamente dal valore generato dall'EPS. Il P / E esprime la quantità di tempo necessaria a guadagnare nuovamente il denaro speso per l'acquisto di una determinata azione. Il calcolo del P / E si basa però sulla condizione che il titolo in questione mantenga costante il valore che esso aveva quando è stato preso in considerazione e acquistato. Potrebbe sembrare un rischio troppo alto, soprattutto considerando quanto velocemente i titoli acquistano e perdono valore sul mercato. In realtà, le cose sono molto meno complicate di quanto possa sembrare. Infatti, gli utili di un'impresa sana dovrebbero aumentare col passare del tempo, e non diminuire (altrimenti ciò significa che il nostro investimento non è stato produttivo e che l'analisi fondamentale condotta non è stata utile e di successo). Il punto debole del P / E è che funziona solo nei casi di investimenti fruttuosi. Infatti, dividendo il prezzo per un utile per azione che risulta essere negativo (e quindi una perdita) ciò che si ottiene è un valore decisamente poco significativo in termini di guadagno. Ma attenzione: solitamente, le aziende quotate che presentato un P / E più basso, sono anche le meno costose. Esse però sono solitamente quelle più soggette ad un aumento di valore dei propri titoli, ma anche quelle che corrono i maggiori rischi in questo settore. È vero anche, tuttavia, che le società con presentano tassi di crescita più alti presentano solitamente anche livelli di P / E più elevati e più solidi. Esistono altri elementi a cui prestare attenzione: ad esempio, va tenuto presente che l'utile netto è sempre soggetto alle politiche aziendali, che probabilmente ne condizionano l'aumento o la diminuzione del valore. Esistono delle metodologie per utili per provare ad ovviare alle potenziali debolezze di un indicatore effimero come il P / E. si può ricorrere ad esempio al PEG (sigla che sta per Price Earning Growth, ovvero il rapporto fra il Prezzo e l'Utile normalizzato per il tasso di crescita dei guadagni che ci si aspetta di ottenere negli anni successivi).

Per semplificare il processo, Si tende solitamente a scegliere un tasso di P/E più alto possibile, dal momento che più grande è il livello di P / E è più probabilità vi sono di aver investito nella maniera corretta. Va anche sempre utilizzato in combinazione con altri indicatori quali l'EPS e il PEG.

Ulteriori indicatori fra i multipli di prezzo: Il P / CF nell'analisi fondamentale

Il rapporto fra Prezzo e Cash flow (ovvero il P / CF) è relativamente semplice da calcolare, dal momento che questo indicatore è ricavabile dal rapporto fra due valori che già abbiamo visto precedentemente: il prezzo di borsa dell'azione ed il cash flow. Si tratta di un valore simile, in effetti, al P / E che abbiamo appena analizzato, ma il P/CF sostituisce i flussi di cassa all'utile. Questo marcatore indica, nel corso dell'analisi fondamentale, la liquidità comprensiva generata dall'azienda. Per ricavare dall'utile contabile del P / E, il valore del cash flow, si utilizza un processo volto a cancellare tutti quelli che sono i valori non monetari (come ad esempio tutti gli ammortamenti, le svalutazioni e le rivalutazioni, i crediti e i debiti accumulati dalla società, etc). va fatto notare che il P / CF risulta tuttavia essere molto suscettibile a causa dei flussi di cassa che cambiano in continuazione: proprio per questo motivo, al suo posto, solitamente viene preferito il P / E. Se il valore di questo indicatore è troppo alto, è possibile che l'impresa in questione stia subendo un processo di sopravvalutazione da parte del mercato. Al contrario, se il valore del P / CF risulta essere troppo basso, probabilmente la società è sottovalutata dal mercato rispetto alle sue reali potenzialità. È anche possibile che si crei una situazione per cui gli utili di un'azienda risultano sempre positivi e in crescita, ma il cash flow è basso e continua a calare. Ci sono essenzialmente due risposte a questo fenomeno: o ci troviamo di fronte ad una start up, o va indagata meglio la struttura aziendale a causa di qualche problema interno che probabilmente influisce sul rilevamento di questo valore.

Il ruolo del P / S nell'analisi fondamentale

Il rapporto fra Prezzo e Fatturato (anche detto Price to Sales Ratio), ovvero il P/S, è calcolato grazie al rapporto fra il costo di un titolo e i guadagni ottenuti per singola azione acquistata. Questo indicatore, tuttavia, non prende in considerazione né due fattori fondamentali nel ciclo di vita di un'impresa, ovvero il suo tasso di indebitamento e la tipologia della struttura della società in questione. Questo indicatore serve per valutare il numero di volte in cui il mercato esprime una valutazione verso i guadagni totali dell'impresa, ovvero il fatturato relativo ad un solo titolo. Il P / S è molto utilizzato per la valutazione delle start up. L'appetibilità e la sicurezza di un'azione sono indirettamente proporzionali al valore del P / S: essi, infatti, aumentano quando diminuisce il valore del rapporto Price / Sales. Solitamente, più esso è basso (minore di uno) più il titolo è sottovalutato. Al contrario, più esso è alto, più un titolo è apprezzato (all'incirca maggiore di 2). Solitamente il valore ottimale del P/S è considerato quello che oscilla intorno a 1,5. Questo valore indica che il giusto prezzo (il fair value) dovrebbe essere circa 1,5 volte il guadagno per titolo.

Il Price to Book Value Ratio

Il rapporto fra Prezzo e Patrimonio netto (ovvero il Price to Book Value Ratio), il P / BV, è composto dal rapporto tra il costo di un titolo quotato ed il relativo patrimonio netto. Questo rapporto indica il modo in cui questa grandezza viene considerata dal mercato e quanto costa in confronto alla cifra degli investitori. Il Price to Book Valute Ratio consente di paragonare quella che è la misurazione del patrimonio compiuta dal mercato (costo) con quella rilevabile a partire dal bilancio dell'azienda (ovvero il patrimonio netto). Il P / BV esprime quindi la solidità patrimoniale di un titolo. Nel momento in cui dal rapporto effettuato risulta un valore alto, ci si trova davanti ad una probabile sopravvalutazione della azienda. Se invece dal calcolo risulta un valore basso (minore di uno) la impresa sarà probabilmente soggetta a sottovalutazione. In realtà, il book value che risulta dal conto economico può essere stato influenzato o compromesso da politiche contabili discutibili che ad esempio non tengono conto dei beni intangibili. Un titolo quindi che potrebbe apparire sottovalutato, può non esserlo davvero, se si colloca ad esempio nel settore dei servizi.

Imparare a leggere i multipli di mercato

Il ruolo degli indicatori nel corso dell'analisi fondamentale

Un ROI che presenta un valore elevato significa che l'investimento è andato a buon fine. L'altro elemento fondamentale di cui tenere conto è che il valore del ROI rimanga sempre maggiore rispetto al costo medio del denaro. Nel momento in cui il valore del ROI dovesse essere maggiore rispetto al costo medio del denaro, ciò implicherebbe che le risorse che sono state investite nell'attività dell'azienda generano una ricchezza maggiore rispetto al costo dell'indebitamento. L'indice predisposto a valutare il costo dell'indebitamento viene definito ROD (Return on Debts). Ciò significa che, anche se si dovesse investire in azioni poco fruttuose, gli investimenti effettuati potrebbero comunque generare reddito grazie alla crescita del fatturato dell'impresa. Ricapitolando: nel momento in cui il valore del ROI risulta essere superiore a quello del ROD, ciò significa che può risultare conveniente per l'azionista indebitarsi per effettuare un investimento su una tale impresa; nel caso contrario invece (ROD > ROI) l'operazione è fortemente sconsigliata. L'indice ROI non va però quasi mai utilizzato da solo: esso deve infatti essere combinato con gli altri indici per ottenere un risultato ottimale. Gli indicatori da usare in maniera combinata sono prevalentemente il ROS, il ROI, il ROE ed il ROA. Mettendo a confronto gli indici ROI e ROE è possibile ricavare una particolare connessione in grado di produrre una sorta di reazione leva. Il procedimento non è in realtà così complesso come può sembrare ad un primo sguardo: ci si può semplicemente limitare, come le altre volte, a paragonare se due grandezze risultano essere uguali oppure una maggiore o minore rispetto all'altra. Nel momento in cui il valore de ROI dovesse risultare minore rispetto al tasso d'interesse legato ai prestiti, il pagamento del capitale investito da eventuali causerebbe una forte diminuzione del ROE (questo fenomeno sfocerebbe cioè in una leva negativa dal punto di vista finanziario): chiedere ulteriori capitali in prestito servirebbe solo a peggiorare il fatturato aziendale.

Riassumendo: se il valore del ROE risulta essere minore rispetto a quello del ROI, la leva risulta sfavorevole. Se invece il valore del ROE è maggiore rispetto a quello del ROI, risulta molto più conveniente generare i prestiti per poter incrementare gli affari, per fare in modo che i ricavi aggiuntivi siano maggiori rispetto al prezzo che è stato pagato per indebitarsi. In sintesi: maggiori sono i valori di ROI, ROE e ROA, più l'impresa è solida e genera guadagni. Stiamo per giungere alla fine dell'analisi fondamentale: dopo aver calcolato i multipli di mercato, come è possibile usarli per poter calcolare il giusto valore (o il fair value) di un titolo e capire se l'investimento risulta produttivo?

Come utilizzare gli indicatori per trovare il fair value di un'azione

Esistono due modi che vengono utilizzati applicare i multipli fin qui elencati e calcolare il valore oggettivo di un titolo, che andrà poi paragonato con il suo corrente valore presente sul mercato: su questo calcolo si deciderà se conviene o meno investire in quell'azione. Il primo metodo viene chiamato il metodo dei Multiple comparables. I multipli di mercato, come si è visto precedentemente, sono utilizzati dagli azionisti (o dagli aspiranti tali) come un modo facile e veloce per poter ottenere il vaIore intrinseco fondamentale (come si è detto, il fair value) di un'azione. Questo valore viene calcolato in modo tale da poter poi essere usato nel confronto rispetto al prezzo di mercato del titolo in questione. I multipli di mercato vengono solitamente utilizzati in base a due metodi basilari:

1. Il calcolo del fair value di un certo titolo (detto anche target) basandosi sui multipli di aziende che presentano caratteristiche simili alla azienda che costituisce l'oggetto della valuzione (questo metodo viene solitamente definito multiple comparables);

2. La scelta di un titolo a partire dal valore del suo multiplo, in relazione al valore dello stesso multiplo di altri titoli (metodo noto come screening on multiples).

Il primo metodo (multiple comparables) si basa sul calcolo di un certo multiplo per un certo numero di imprese che operano in settori affini rispetto al settore di appartenenza del titolo target posto sotto valutazione. Se poi viene applicato il valore medio del multiplo così calcolato, alla corrispondente sezione del bilancio d'esercizio della impresa target, si calcola il valore del titolo che era stato preso come target. Il principale problema pratico relativamente a questo metodo, consiste nella scelta di un corretto elenco di imprese da poter mettere a confronto.

Il secondo metodo (ovvero quello dello screening on multiples) classifica invece le azioni partendo da un certo multiplo e mettendoli in ordine dall'azione con il maggiore valore del multiplo, all'azione con il minore valore. Esso mette in conto la presenza di un cosiddetto mispricing delle azioni sul mercato rispetto ai valori del bilancio. In questo modo, questo tipo di approccio mostra quanto sia conveniente comprare azioni che presentano valori bassi del multiplo, e di mettere in vendita le azioni che hanno valori alti del multiplo.

Capitolo 4
Gli indici di redditività

Nel corso di una corretta analisi fondamentale vanno usati non solo i flussi di cassa e i multipli di mercato, ma anche i quelli che vengono comunemente chiamati gli indici di reddività (alcuni dei quali sono già stati analizzati nel capitolo precedente). Si tratta di indicatori che consentono di calcolare quanto un'azienda è in grado di creare guadagni e produrre beni e servizi a partire dall'investimento iniziale o a seconda della diversa tipologia della struttura aziendale di riferimento. Gli indici di redditività sono decisamente utili per poter ottenere in modo veloce una panoramica d'insieme e piuttosto completa riguardante l'andamento del valore di una società ai fini di un eventuale investimento. Anche questi indici sono per la maggior parte dei multipli, ricavabili dai bilanci d'esercizio.

Gli indicatori di redditività che risultano essere i più importanti ai fini di una corretta e completa fondamentale sono diversi, alcuni già visti, atri solo citati, altri ancora completamente nuovi:

- Primo fra tutti abbiamo l'EBIT (sigla che sta per Earnings Before Interest and Taxes) anche detto Utile Operativo.

- Vi è poi l'EBITDA (sigla che sta per Earnings Before Interest, Taxes, Depreciation and Amortization). Questo multiplo è altresì noto come MOL, Margine Operativo Lordo.

- Il già analizzato ROE (Return On Equity)

- Il famoso ROI (Return On Investment)

- Il già citato ROA (Return On Assets)

Il ROI ed il ROE sono già stati spiegati e analizzati abbastanza nelle pagine precedenti. Ci soffermeremo quindi di più sugli altri.

L'EBIT (Earnings Before Interest & Taxes) rappresenta il risultato operativo che è stato conquistato dalla società prima dell'applicazione di tutti quelli che costituiscono i cosiddetti oneri finanziari (e quindi tasse, imposte, interessi). Proprio per questo motivo tale indice viene anche chiamato "Operating Income Before Taxes". Esso comprende quindi solamente la capacità dell'azienda di produrre guadagni senza tener conto dei costi e dei ricavi che derivano dagli interessi e dalle tasse. Tale multiplo viene utilizzato come base per il calcolo di ROI e ROA. L'EBIT può essere calcolato con diverse modalità, bisogna quindi prestare attenzione quando lo si ottiene: dal momento che non si tratta di un valore standardizzato, ogni impresa lo calcola solitamente in modo diverso.

Vi è poi l'indice che viene chiamato L'EBITDA oppure MOL. La prima sigla, come si è detto prima, sta per Earnings Before Interest, Taxes, Depreciation & Amortization. Questo multiplo fornisce il valore dell'esito totale lordo dell'azienda, ovvero il ricavo dell'azienda prima di onorare il pagamento di interessi e tasse (come l'EBIT), ma in questo caso anche di svalutazioni ed ammortamenti, come emerge dalla sigla stessa. Per calcolarlo si deve giungere alla sezione interessi del conto economico riclassificato: si trova così l'EBITDA. Come si è detto, esso corrisponde al al MOL (il Margine Operativo Lordo). Anche l'EBITDA può costituire il punto iniziale per il calcolo di ulteriori indici. Però, questo indicatore non deve essere utilizzato da solo, poiché, dal momento che non considera le tasse e gli interessi, esso può fornire una errata rappresentazione dei dati aziendali. Nel corso dell'analisi fondamentale, quindi, EBIT ed EBITDA dovrebbero costituire le basi da cui partire, e non i soli indici sui quali trarre conclusioni sul valore intrinseco di un'azienda.

Concentriamoci ora, in ultima analisi, su una spiegazione più ravvicinata e approfondita di cosa sia e come funzioni l'indice di redditività ROA. L'indice ROA (sigla che sta per, lo ricordiamo, Return On Asset) fa capire la quantità del ritorno economico che un'impresa ha sui suoi asset. Questo indice esprime quindi le modalità secondo le quali una società è in grado di generare ricavi, e di produrre valore, per ognuno di essi. Il calcolo che consente di trovare l'indice ROA è in realtà alquanto semplice. È necessario dividere il valore del già visto EBIT, per il totale dell'attivo (valore presente nello stato patrimoniale del bilancio d'esercizio). Ma come va interpretato questo indice? Un ROA ottimale dovrebbe essere molto elevato. Se alto, significa che l'impresa è di grado di dare valore ai propri asset in maniera efficiente. In generale, il ROA dovrebbe essere più alto dei tassi di interessi che vengono offerti dalle banche centrali. Altrimenti significherebbe che il denaro che è stato preso in prestito dalla società ha generato meno guadagni di quanto sia costato. L'indice ROA a comprende infatti anche il tasso di indebitamento. Questo valore di indebitamento, dal momento che si colloca al denominatore, comporta che (se alto) riduce il valore complessivo dell'indice. Anche il ROA, come la maggior parte degli altri indici, non dovrebbe essere utilizzato da solo, ma insieme, solitamente, a ROI e ROE.

Don't miss out!

Visit the website below and you can sign up to receive emails whenever Thomas J. Taylor publishes a new book. There's no charge and no obligation.

https://books2read.com/r/B-A-FHVR-YPRMC

Did you love *Analisi Fondamentale: La Guida Completa alle Tecniche di Trading per Borsa e Forex. Scopri come Investire sui Mercati Finanziari e i Fondamentali Macroeconomici.*? Then you should read *Mercati Finanziari: Scopri Tutti i Segreti del Mercato. La guida Completa per Capire la Finanza, Sviluppare la tua Economia e Puntare ai Giusti Investimenti.*[1] by Thomas J. Taylor!

[2]

Scopri i meccanismi dell'economia e della finanza e impara a districarti nei vari mercati finanziari per investire al meglio!

Ti piacerebbe conoscere le varie dinamiche dell'economia e della finanza?Come è possibile guadagnare con il Trading online?Come

1. https://books2read.com/u/38V09L

2. https://books2read.com/u/38V09L

funzionano la domanda e l'offerta?

L'economia e la finanza fanno parte della vita di ognuno di noi ed è inevitabile che influenzino le nostre scelte. Proprio per questo è fondamentale conoscere e studiare le loro basi.

Grazie a questo libro imparerai a conoscere l'economia e la finanza in tutte le sue parti e in pochissimo tempo sarai in grado di **investire il tuo denaro e a comprendere le varie dinamiche dei mercati finanziari.** Ricco di spiegazioni semplici ma coincise, ogni capitolo ripercorre tutte le tappe fondamentali dello sviluppo dell'economia e della finanza. Tanti esempi pratici per fissare con chiarezza i concetti e i contenuti. In pochissimo tempo imparai a stendere e leggere un bilancio d'esercizio a capire le dinamiche della domanda e dell'offerta a districarti nei vari mercati finanziari e ad applicare strategie di investimento vincenti per produrre e generare denaro.

Ecco che cosa otterrai da questo libro:

I concetti fondamentali dell'economiaI quattro soggetti economiciCome funzionano la domanda e l'offertaLe diverse tipologie di domanda e di offertaI fattori critici di successoChe cosa è il PIL e come si calcolaIl Bilancio d'esercizio come si compila e come si leggeLe fasi per la costruzione del bilancio d'esercizioI criteri di stesura del bilancio d'esercizioGli indici di liquiditàIl vantaggio competitivo e come ottenerloI diversi tipi di azioni e obbligazioniChe cosa sono i fondi comuni e i loro vantaggiStrategie di investimentoI mercati finanziariIl Trading onlineConsigli praticiE molto di più!

Che tu sia un principiante, un esperto in materia o un appassionato, **comprendere le dinamiche dell'economia e della finanza è fondamentale per compiere le scelte giuste.**

Also by Thomas J. Taylor

Ethereum kompakt: Ethereum für Anfänger: Die Grundlagen zur Geschichte, Gegenwart und Zukunft, zu Ethereum und Ethereum Classic, Ether, Ethereum Tokens, DApps, Smart Contracts und Ethereum Wallets
Ethereum Concise: Ethereum for Beginners: The Basics on History, Present and Future, on Ethereum and Ethereum Classic, Ether, Ethereum Tokens, DApps, Smart Contracts, and Ethereum Wallets
The Sandbox Coin: The SAND ERC-20 Utility Token on the Ethereum Blockchain
Immobili: La guida agli investimenti immobiliari. Scopri Come Guadagnare con la Compravendita e gli Affitti. Sviluppa la tua Economia con il Marketing nel Real Estate e Crea la tua Rendita Passiva
Mercati Finanziari: Scopri Tutti i Segreti del Mercato. La guida Completa per Capire la Finanza, Sviluppare la tua Economia e Puntare ai Giusti Investimenti.
Analisi Fondamentale: La Guida Completa alle Tecniche di Trading per Borsa e Forex. Scopri come Investire sui Mercati Finanziari e i Fondamentali Macroeconomici.

About the Author

Thomas J. Taylor si occupa professionalmente di criptovalute, banche e altri servizi finanziari. Ha pubblicato diversi libri su Bitcoin, Ethereum, criptovalute, analisi tecnica e altri argomenti finanziari.

www.ingramcontent.com/pod-product-compliance
Lightning Source LLC
La Vergne TN
LVHW050950051026
849532LV00005B/1786